欧州国境と難民

LA GRIETA
Carlos Spottorno y
Guillermo Abril

写真：カルロス・スポットルノ
文：ギジェルモ・アブリル
訳：上野貴彦

花伝社

目　次

プロローグ──欧州連合の誕生　6

メリリャ（スペイン）　16

トルコ国境　32

地中海　52

バルカン・ルート　90

「新冷戦」──旧ソ連国境　106

カリーニングラード（ロシア）　134

北極圏へ　144

訳者解説　169

Copyright text and illustrations © 2016 by Carlos Spottorno and Guillermo Abril
All rights reserved
Published by agreement with Astiberri ediciones,
through Japan UNI Agency, Inc., Tokyo

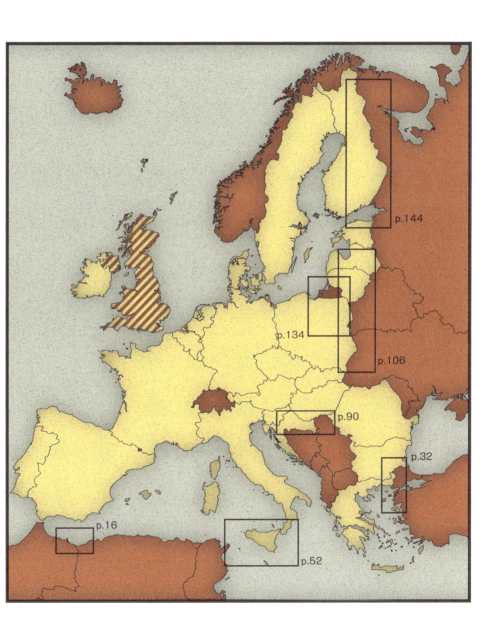

訳注

(1) シェンゲン協定→ p. 49

　欧州諸国の加盟国間における、出入国審査なしでの人の自由往来や、域外からの入国者への共通ビザ（シェンゲン・ビザ）の発給、国境を越えた警察・司法協力などを定めた協定。1999年発効のアムステルダム条約によってEUの法的枠組みに組み込まれ、2019年現在はEU加盟28カ国中の22カ国と欧州自由貿易協定（EFTA）加盟4カ国の計26カ国で適用されている。

(2) ダブリン規則→ p. 49

　EU加盟国の領域内で申し立てられた庇護申請を優先的に審査する国を決定するための規則で、ダブリン条約（1990年制定）およびダブリン規則（2003年制定）を改訂した現行規則はダブリンⅢとも呼ばれる。庇護申請者のたらい回しや重複申請を防ぐため、申請者が最初に到着したEU加盟国1カ国のみでの審査を原則として定める。しかし、イタリアやギリシャといったEU周縁部の国に申請手続が集中することが問題とされてきた。

(3) フロンテクス→ p. 40

　EUの専門機関である欧州域外国境管理実務協力機関（本部ポーランド・ワルシャワ、2004年設置）の通称。域外国境管理に必要な加盟国間の協力を支援するため、複数の加盟国から募った人員や機材を派遣するほか、情報収集や分析も行う。

※本文中の注もすべて訳者による。

「人々は、ヨーロッパ諸民族間の戦争というような野蛮な逆行を、
魔女や幽霊を信じないように信じなくなった。われわれの父祖たちは、
寛容と和協のまちがいのない結合力というものを信頼し、それを頑固
なほどに確信していた。そして彼らは心から思っていた、——国民や
宗派のあいだの境界とか背馳とかいうものは、次第に共通の人間的な
もののなかに消えてゆき、それによって平和と安定という至上の宝が
全人類に頒ち与えられるだろうと。」

シュテファン・ツヴァイク『昨日の世界』1941 年
(原田義人訳『昨日の世界』みすず書房、1999 年)

「どれほどの犠牲が、血が、苦しみがあっただろう、
ひたすら境界線の問題を巡って！」

リシャルト・カプシチンスキ『帝国』1993 年
(工藤幸雄訳『帝国ロシア・辺境への旅』新潮社、1994 年)

二つの悲惨な世界大戦が終わり、欧州諸都市で連合国が凱旋パレードを行った。6000万人以上が命を失い、数百万人が難民になった後の出来事。何世紀も流血の争いをした国々が連合する以外に、平和を守る道はない。歴史上初めて、欧州全体が合意した瞬間だった。

新時代の展望をめぐり、戦争の英雄たちが演説する。1946年、チューリッヒ大学で革命的なアイデアを披露し、世界を驚かせた英雄がいた。ナチス打倒の政治・道徳両面での立役者、ウィンストン・チャーチルだ。

「欧州を一つにし、3億とも4億とも言われる人々が共通の遺産を分かち合ったらどうなるか。無限の幸福、繁栄、そして栄光を享受できるはずだ。『欧州合衆国』のような仕組みを作り、国々をまとめ上げよう。それにはまず、仏独主導で欧州評議会を創設することだ。新しい欧州の友人・庇護者となるべきは、英国とその他の英連邦諸国、大国たる米国、そして願わくばソヴィエト・ロシアだ。欧州が生き延び、輝く権利を守らねば。ゆえに私は『欧州を立て直そう！』と訴えるのだ。」

世界経済の原動力でもある。

生産性の高いビジネスが展開できるから。

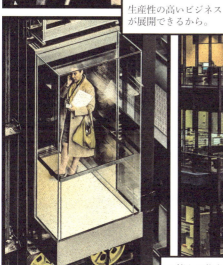

5億もの住人が、域内の国々を自由に移動する。ついには共通通貨のユーロまで導入された。

※（2コマ目）「希望の聖ヨーロッパ」

※1　第二次世界大戦中の対独抵抗運動活動家で、国連人権宣言起草者の一人でもあるステファン・エセルが、直接行動の必要を訴えたブックレット『怒れ！』。日本語訳タイトルは『怒れ！憤れ！』（村井章子訳・日経BP社、2011年）。

人びとは怒り、政府に反対するため路上へと繰り出した※2。

怒りのうねりは大方の予想を超えて大きくなった。欧州の境界をも越え、抗議は激しさを増してゆく。

※2　経済危機と汚職に不満を持ち、「真の民主主義」による解決を求める「怒れる者たち」が2011年5月15日に開始した、広場の占拠運動。写真はマドリードのプエルタ・デル・ソル広場。

ほとんどの人に帰る場所はない。
本国への送還は、
日に日に難しくなった。

移動するバスさえ足りず、
人々の我慢は
限界に達しはじめる。

これは難民の第一波に過ぎなかった。やがてシリアが内戦状態に突入。
どうにか戦場を脱出し、欧州を目指そうとする一般市民も、
かつてない規模に達しようとしていた。

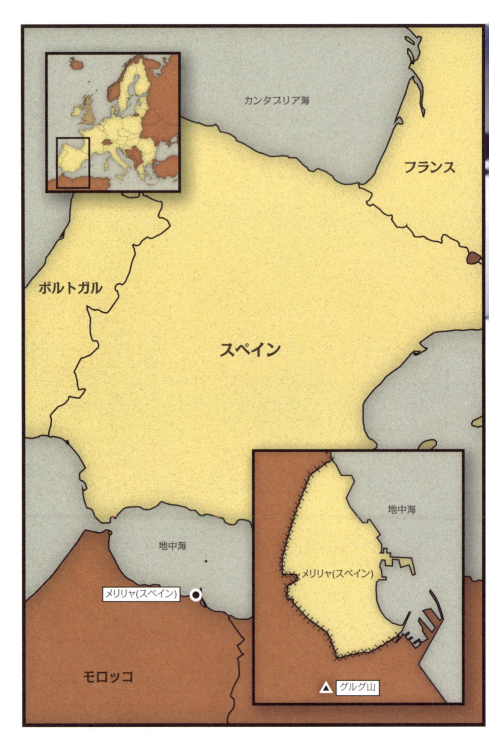

沈没事故から2ヶ月後の2013年12月。「滅多にない話だぞ」と、『週刊エル・パイス』※の編集長がほのめかすように私に誘いかけた。いつも通り、素っ気なく言う。「欧州の境界を旅してほしい。一面に載るような、野心的なルポルタージュを書け。写真はカルロス・スポットルノが撮る。3ヶ所か4ヶ所、行き先を選べ。一番ホットな場所に身を置け。柵のある所、警察のいる場所、分断線のまっただ中にだ。」カルロスと話して、我々はすぐに第一の目的地を決めた。アフリカ大陸にスペインが持つ一片の領土、メリリャだ。

2014年1月、我々は柵で遮蔽(しゃへい)された街にやってきた。

※スペインの有力日刊紙『エル・パイス』の日曜版に付属する文化情報誌。本文担当のギジェルモは同誌の記者。

※1　スペイン内戦によって政権を握ったフランシスコ・フランコが総統となった1939年から、スペイン民主化の契機となった1975年のフランコ死去とフアン・カルロス1世の国王即位までの時期。

説明しよう。この12km四方の飛び地はEUの一部だ。入ったとたん、監獄に閉じ込められたような気分になる。モロッコと地中海の間に挟まれた、息が詰まるほど小さく、どっちつかずの場所。それがメリリャだ。境界に大砲が取り付けられたのは、19世紀のこと。

私の母は、まだ軍事要塞だったメリリャで少女時代を過ごした。フランコ独裁時代※1、祖父が駐在員として派遣されていたからだ。

1936年、軍部によるクーデター※2の開始地点となったメリリャは、フランコにとって大切な場所だった。

その頃は柵も何もなかった。状況は90年代に一変した。スペインがEEC※3に入るとまもなく、メリリャは突如として防壁へと様変わりした。ここを封鎖する必要が生じたのだ。

※2　1936年7月17日、軍のメリリャ駐屯部隊が蜂起したことからスペイン内戦の口火が切られた。
※3　EUの前身の一つ、欧州経済共同体の略称。1957年、主に経済協力を通じた欧州統合の実現のために設立され、スペインは1986年に加盟した。

はじめは少しの鉄条網で事足りた。だが次第に大掛かりになり、最終的に高さ6m、3m、そして6mの三重の柵が作られた。柵同士のあいだに「立体網」、柵の上部には鉄条網（通称「アコーディオン」）が張り巡らされる。

メリリャ全体が柵で囲まれた。アフリカと欧州を隔てる残酷な壁。ここは地球上で最も不平等な国境だと言われている。

ここでは非正規入国が原始的な形で行われる。主にサブサハラ出身の移民たちが、柵の前に一挙に押し寄せ、堰を切った水のように柵を飛び越えるのだ。

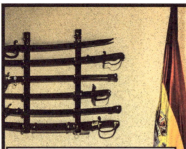

治安警察のアンブロシオ・マルティン・ビリャセニョール大佐から出迎えを受けた。
執務室には、
伝統と序列の重い空気が漂う。

「柵を飛び越えるのは暴力行為だ」と語る。「トップアスリートでテストしたので心配ないと言う業者から障害物を買ったのに、サブサハラ出身者は
1分もかからずに飛び越えてくる。」

何十台ものカメラを使い650名の職員が24時間体制で監視にあたる。

これはサーモカメラで撮影した、アフリカの姿である。小さな黒い点は、柵に近づく人々だ。知ることができるのはそれだけ。夜間警備の取材許可を依頼する。「君らならうまくいくだろうね」と大佐が受け入れるそぶりを見せるも、交渉失敗。我々は部屋から速やかに追い払われた。

翌朝、ベニ・エンザルの国境通過地点を訪れた。アフリカで最も通過者の多い国境のひとつだ。

1日あたり3万5000人がここを通過する。多くはモロッコ側の隣町、ナドールの人々だ。メリリャに入るため、まるで家畜のように検問所に押し寄せる。扉が開くと悲鳴が響き、失神する者もいる。山ほどの物資を買い込み、大荷物を背負って家に帰るのだ。

これまでに何千人もの移民が、このどさくさに紛れて欧州に入ってきた。我々が訪れた時には、スペイン本土から警察の応援部隊が来て、通路を封鎖していた。

混乱のただ中で、係官がひとりの女性を引き止めた。パスポートに何か不備があったようだが、彼女には状況がわからない。顔には世界中の苦悩が浮かぶ。

「どうやらシリア人みたいだ」と人々は言う。

※1　シリア西部、地中海に面した港湾都市

それが未曾有の大脱出の始まりだった。我々がメリリャに来た時はまだ、約200名のシリア人が国境を越えたことが報じられたばかりだった。

テントの下では、子どもたちが集まって暮らす。タルトゥス※1出身のシリア人だ。爆撃を逃れ、エジプトとモロッコを経由してスペインにたどり着いた。この子の父親は3000€※2を払って、国境検問をくぐり抜けるためのパスポートを入手したという。かれらは難民認定を受けるまでムスリム墓地に暮らす。

墓地はメリリャのゴルフクラブの近くにある。国境のレジャー施設は、EUの地域開発基金を170万€※3も投じて建設された。欧州はそんな所だ。

※2　約42万円（2014年前半のレート換算）　　※3　約2億3800万円（2014年前半のレート換算）

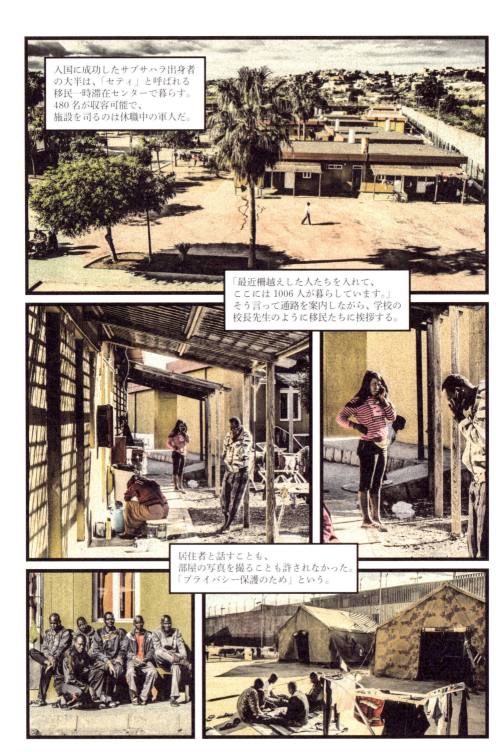

移民たちは自由に施設を出入りし、無料で食事と寝床にありつけ衣服や石鹸など最低限の物資を支給される。最近越境してきたサブサハラ出身者によるサッカーチームまである。地方リーグで戦うが、アウェイで試合することは禁止されている。医務室では、足を失った若者に再会した。

※1 「グァルディア・シビル」の名称で知られ、国境警備や国際平和維持活動などにあたるスペインの国家憲兵（半警察・半軍隊組織）。

柵越えに成功した移民たちは、恐れながらメリリャの道路を走り抜ける。治安警察※1に捕まれば、柵の裏口からモロッコに押し返されてしまうからだ。「即時送還※2」と呼ばれるこのやり口は、EU最大の闇のひとつだ。

まるでタチの悪い「ドロケイ遊び」だ。ただし、国家警察※3の警察署にたどり着けば、サブサハラ出身者は助かることになる。そのとき、移民たちは感激のあまり抱きしめあう。

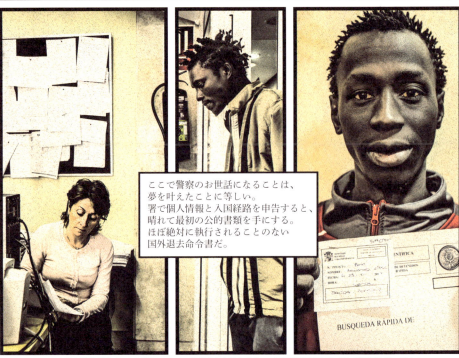

ここで警察のお世話になることは、夢を叶えたことに等しい。署で個人情報と入国経路を申告すると、晴れて最初の公的書類を手にする。ほぼ絶対に執行されることのない国外退去命令書だ。

※2 庇護申請希望者がEU加盟国に入って手続きを申請する前に、国境警備員が（しばしば殴打などの暴力を伴いつつ）人々を追い返すこと。「押し戻し（プッシュバック）」ともいう。
※3 主に都市部を警備するスペインの文民警察。

26

＊（手書きで）「柵越え」

我々は、職員のブラック・ユーモアを見落とさなかった。壁に貼られた合成写真は異常事態に長期間向き合うとそれを客観視できなくなることを示していた。これはさすがに、『週刊エル・パイス』に掲載したくない。

グルグ山が監視塔のように国境の反対側にそびえ立つ。

柵越えを試みる人々の野営地に行かずして、局に戻ることはできない。取材を試みたジャーナリストの多くが失敗し、牢獄行きになった者もいる。我々は、大学教授だと偽ってモロッコ国境を越えた。まず2時間ほど市場を散歩し、モロッコの伝統的な履物であるバブーシュを買ったり、私服警官と隠れん坊をしたりした。それから再び国境側へ、曲がりくねった道を歩いて戻る。メハニーア＊が検問をしていたが、呼び止められずにすんだ。「今だ！」、カルロスと私で互いに目を合わせ、逃げ切ったのだ。

※モロッコ治安警察のうち、国境警備にあたる要員の通称

戦争と失業と飢えのために
国を捨てたと語る。
とても長い旅を経て、3〜4年後
ここにたどり着く人が多い。
地中海を眺めつつ、
「どんな壁も、我々を止めること
はできないさ」と断言する。

メリリャに戻るとき、我々はEUパスポートを見せるだけで国境を越えることができた。早朝、サブサハラ出身者たちが柵の格子に向かって山を降りはじめたころ、我々は立派な垣根に守られたホテルでブランデーを飲みながら、
「ここで何が起きているのか、ドイツにいる連中は知っているのだろうか？」
とふと考えた。
欧州を走る亀裂の一端をつかんだ。我々は局に戻り、次の旅に備えた。

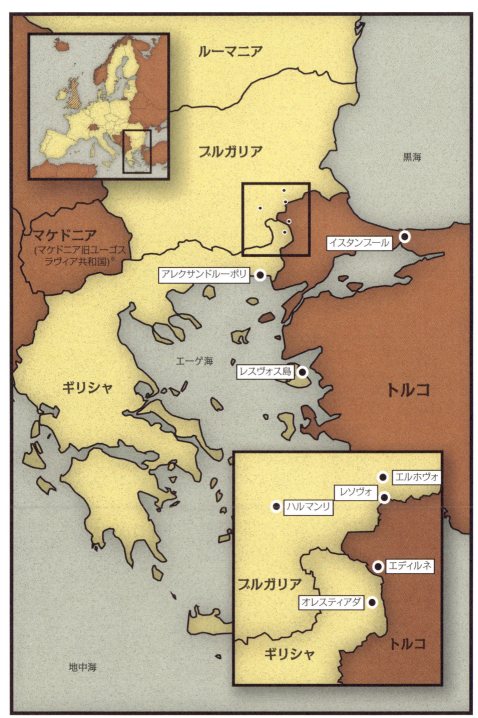

※ 2019年2月、北マケドニア共和国に国名変更

2014年2月、カルロスと私はトラキアへと向かった。古代より有名な名前※を冠し、
ギリシャ、ブルガリア、トルコが三つ巴の国境をなす地域だ。
トルコのレンタカーでEUに入るのは難しいので、まずイスタンブールへと飛び、
そこからギリシャのアレクサンドルーポリまでバスで移動した。

「パシャ」。ギリシャへの国境を越える検問所で、カルロスは遮光ガラス越しに
隠し撮りをした。トルコをあとに、我が家たる欧州に舞い戻る。

※古代ギリシャ時代に独自の文明が栄えたことや、その後のローマ帝国や東ローマ帝国の属州名としても知られる
（ただし、古代と近現代の領域は異なる）。

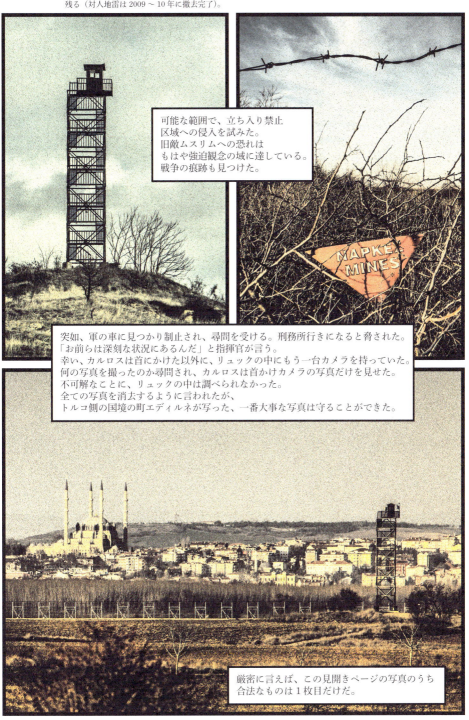

シリア情勢は最悪の状況にまでは至っておらず、まだISISもカリフ制を樹立していなかった。

難民船を故意に沈没させているのかという疑惑が、ギリシャ沿岸警備隊にかけられていた。かれらは、「ボートも、航海機器も、隊員も撮影してはならない」と語気を強める。

「海の写真なら撮ってもいい。」

2時間に渡って苛立ちを募らせたカルロスは、被写体の隊員の指示通りの構図で、2枚だけ写真を撮ることができた。

ギリシャ国境が通れないため、難民の多くはEUに入るための代替ルートを探していた。我々もそこへ向かう。

ブルガリアはEU最貧国で、自国民を移民として送り出すのが常だった。ブルガリアへ向かう道中、スペインから派遣されたフロンテクス職員は数ヶ月前に何が起きたかを語る。「シリア人の一群が、トルコから国境を越えて大脱出するのを目の当たりにした。」誰も予想だにしない事態だった。

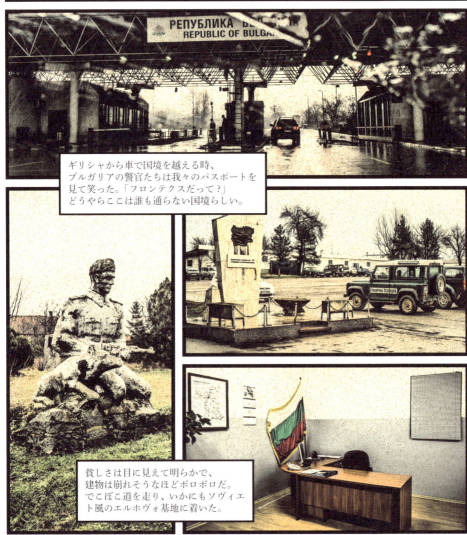

ギリシャから車で国境を越える時、ブルガリアの警官たちは我々のパスポートを見て笑った。「フロンテクスだって？」どうやらここは誰も通らない国境らしい。

貧しさは目に見えて明らかで、建物は崩れそうなほどボロボロだ。でこぼこ道を走り、いかにもソヴィエト風のエルホヴォ基地に着いた。

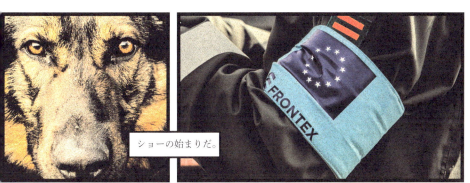

ショーの始まりだ。

警察犬をおしっこのために茂みに連れて行く。我々も仕事なので、このくらいは我慢しなければならないようだ。

フィンランド人の隊員たちが、けが人の救助訓練をする。「痛い！」そう叫ぶ一人を、同僚が落ち着かせる。「もう大丈夫。ここは欧州ですよ。」カルロスと私は笑いをこらえるのに必死だった。

ショーが終わると、我々はトルコ国境へと向かった。

どんなに話しかけても、案内役のエレーナ・ジェルジコヴァ警部はこちらが気まずくなるほど冷たく、よそよそしかった。

道中で、はるばる遠くまで来た理由を思い出させる光景に出会った。何十年も前から欧州内では見かけなくなった、検問待ちのトラックの長蛇の列だ。国境が存在することの意味、それを素朴で実感のこもった形でふと思い出した。

レソヴォの国境通過地点に着いた。監視が強化され、柵や動体センサーが設置されている。

建設工事の請負契約には、メリリャに柵を建てた業者も名を連ねる。

監視システムが怠りなく稼働する。
トルコは友好国だが、
常にそうだったわけではない。

ブルガリアの国境警察官が、一見使い途の
よくわからない機械でトラックを検査する。
機械の購入費用はEUの域外国境基金※で
まかなわれている。タバコ、武器……
そして人間が隠されていないか調べるのだ。

難民たちは、この欧州の辺鄙(へんぴ)な
片隅に、安価で比較的安全な
渡航ルートを見出した。

※域外国境の管理レベルを共通化するために必要な設備投資が困難な加盟国に対して、2007年からEUが
配分を開始した基金。

国境近くの小さな村、ハルマンリに着いた。
かつての軍用基地が、今は難民受入センターになっている。

900人を収容する。その大半はシリア人だが、シリア内戦以外に世界で起きている様々な紛争から逃げてきた人々もいる。

ジャワドはアフガニスタンで米軍の通訳をしていた。だが、タリバンに父を殺され、農場を破壊され書類は焼き尽くされた。米軍が撤退する時、かれは置いてけぼりにされた。そして7年前、故郷を追われて難民となった。

難民の大半はイスラム教国出身だ。長く旅するうちに、信仰に拠り所を求めるようになる人が多い。「祈ることで気力を取り戻すんだ。」

明らかに、難民たちはブルガリアに見切りをつけている。

収容者であるクルド人の元公務員は「本当にこれが欧州なのか？シリアの暮らしの方が豊かだった」と怒り半分、あきらめ半分に問う。

昨日、ブルガリア首相が訪れた。報道写真に収まることを願って、難民たちは主張を落書きする。

※「UNHCR（国連難民高等弁務官事務所）は、いつまで難民を見殺しにするんだ？」

サッカーの試合にも遭遇した。シリア人がアフリカ人相手に戦っている。

ハルマンリのリーグでは、8チームが互いに延々と戦い続ける。

時間がとてもゆっくりと過ぎてゆく。誰も逃れることのできないアリ地獄のようだ。

シリア人とクルド人の大半は、
難民キャンプのある一角に暮らす。
仮設住宅は新しく、寝室、
トイレ、台所と設備が整っている。

人々が仕事を始める。
平穏な日常が
周囲を包み込む。

ブルガリア軍の提供する食事は
吐き気がするほどひどい
と難民たちは言う。

本当なのか、試しにレンズ豆を食べた。
ひどくはないが、ご馳走でもない。
仮設住宅の入り口では卵、
ビスケット、清涼飲料を売っていた。

このクルド人夫婦は難民キャンプ
にいることを忘れるために
全力を尽くし、奇跡を起こした。
緑のカーペットと柵を用いて、
仮設住宅を
本物の家のように見せたのだ。

マドリードに戻って、次の旅に備える時が来た。
それがどれだけ劇的なものとなるか、
この時の我々は知る由もなかった。

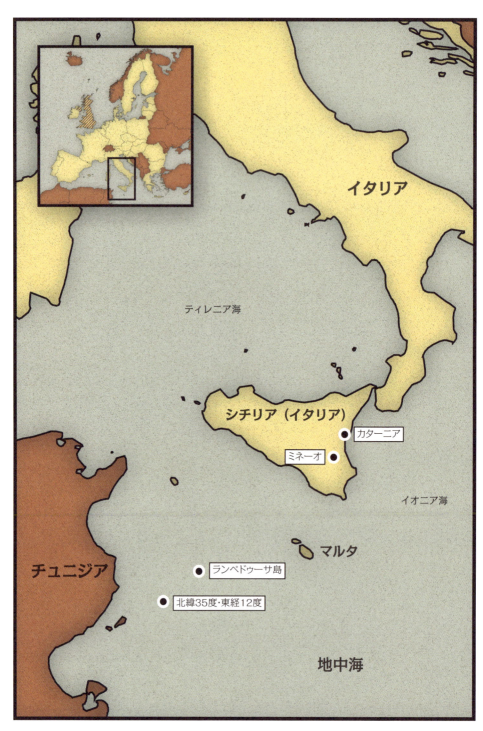

編集部は、国境についてのルポルタージュのために3回の取材旅行を承認した。
「ランペドゥーサは欠かせないよね」と言っておきながら、いざ出発となって
「本当にカメラマンも必要なの？」とためらい出す上司。いつも通り、
予算はギリギリなのだ。説得は難航したが、もっともらしい理由を3つ並べた。
まず、その頃イタリアは欧州へ向かう難民の主要ルートになっていた。
公海で日々行われている救助を、ひょっとすると目撃できるかもしれない。
確かに我々は国境をいくつか訪ねたが、まだ海上国境を写真に収めていない。
地中海が欠けている。そして、特集記事のウェブサイトに、インパクトのある
何かが必要だ。ビデオが良いだろうが、まだ何も録画していない、云々。
「許可が下りたから、一緒に行こう。良いビデオ映像も欲しいそうだ。
インターネットに立派な記事映像を上げよう。」出発前、カルロスに電話した。

2014年3月、ランペドゥーサに着いた。
欧州よりアフリカの近くに浮かぶ、
イタリアの小島だ。

あらかじめイタリア沿岸警備隊のパトロールへの同行を要請していたが、出発できない。「暴風により、海上での作戦が実施できない」とジュゼッペ・カンナリーレ司令官が言う。

せっかくの取材旅行、失望している暇はない。
船の「墓場」に圧倒される。
欧州に向かう移民や難民が命を賭けた
リビアの漁船が打ち捨てられている。
古びた小船は、野蛮な神のおもちゃのように
積み上げられ、朽ち果ててゆく。

沿岸での救助活動には沿岸警備隊が当たっていたが今や手一杯だ。10月の難破事件以来、惨劇の再発を避けるためにイタリア海軍が地中海を航行している。「マーレ・ノストルム（我らが海）」作戦だ。海軍のパトロールへの同行取材も申請したのだが、省庁と大使館のお役所仕事の迷路に入り、返事がない。

「これは国境の軍事化だ。」地元の難民支援活動家、ジャコモ・スフェルラッツォが言う。かれは、ランペドゥーサ島の浜辺に寄せる難破船の残骸を整理して、恐怖を伝える博物館を作った。

海の藻屑となった人生の断片を前に、カルロスも私も言葉を失った。

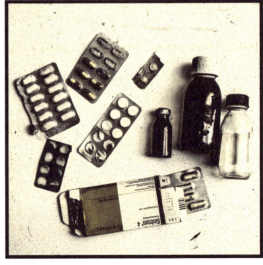

※聖書

※ナイジェリアのパスポート

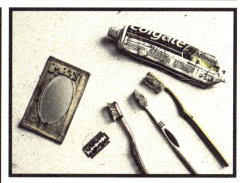

救助を目撃する機会を求め、ランペドゥーサ島からシチリア島へ飛ぶ。ギリシャでの失敗、ブルガリアでの茶番に加えイタリア沿岸警備隊への取材を土壇場で逃し、強迫観念に駆られていた。カターニアのスィゴネッラ基地では、フロンテクスの任務のためにスペインの治安警察から派遣された航空隊が待ち構える。準備万端、地中海の最もホットな現場の上空を飛ぶ。

ついに「うまくやれ」そうだ。メリリャでのアンブロシオ大佐の口約束のあと、ずいぶん遠くまで来た。

飛行機の内側に入る。今まで門前払いされてきたパーティーに潜入できたかのような気分だ。それどころか、公式に招待されたのだ。

※「落ち着け、あんちゃん。全部丸く収めてやる。」

58

「マルタ当局に連絡し上空 2000 フィートの飛行許可を得てくれ。」機長が副機長に指示する。視界良好。
「レーダーが何か感知すれば、目視でもよく見えるはず。」

「燃料は？」

「8,000 あります。」

「発動機異常なし、始動。」

コーヒーマシンのような振動とともに離陸する。機内は潜水艦にそっくりだ。少なくとも、初体験の我々にはそのように感じられた。

「現在イオニア海上、シチリアとギリシャの間にいる。リビア、チュニジア、シルテ湾方面だ。」

暴風雨を抜ける頃には、もう夕暮れだ。美しい日の入りを眺めながら超低空を飛ぶ。パトロール区域に近づくにつれ、海が荒れてきた。

「犯罪者集団が150から300人を乗船させた、全長20〜25mの漁船を探している。沖から100マイルに達すると、奴らは移民を小さなボートに乗せ替え、衛星電話を渡してイタリア当局に電話させるんだ。」

法執行機関にとってみれば、全ては犯罪者集団の問題に帰結するらしい。

クラウス・ルスラーは、フロンテクスの老獪なオペレーション・ディレクターだ。「我々の任務は、ただ粛々と国境を守ることです。」

本部事務所は、取材のジャーナリストを頻繁に迎え入れる。「即時送還」、予算、活動目的といった厄介な質問に答えることにも慣れている。

おなじみのコンピュータ、壁面スクリーン、インタラクティブ・マップ、データの山を見せられる。

知り合いのスペイン人がここで働く。かれは時折入札や職員の私刊私欲、フロンテクスや欧州全般の機能不全など、国境管理に関する匿名情報をもたらしてくれる。シチリアでの飛行機同乗取材も手配してくれた。

「欧州の連合なんて一度だって存在したことはない。我々がEUだと思っているものは、職業安定所みたいなものだ。」

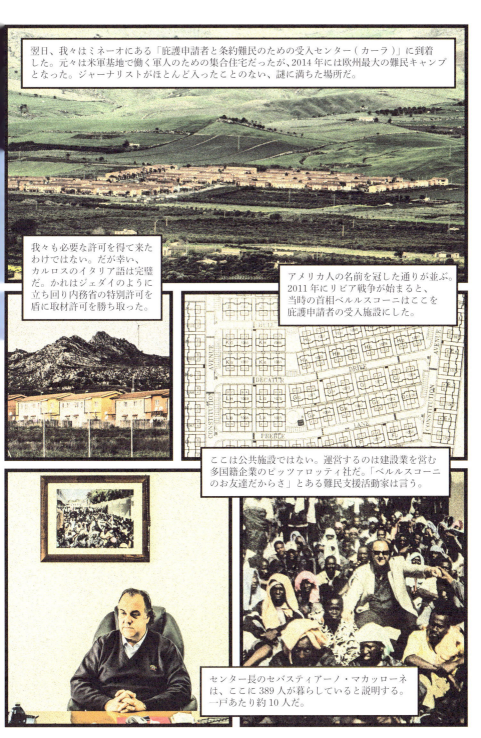

インターネット・ブースもある。利用料は1時間あたり1€※だ。Facebookで、欧州への船出をリビアで待つ友人とチャットする。

バス停には大音量のヒップ・ホップが鳴り響く。地球最大の移民墓地と化した地中海での航海を生き延びた人々が謳歌する、世界中の音楽が混ざり合う。

ところが、シリア人はほとんどいない。かれらはシチリア島に上陸するとすぐドイツやスウェーデンを目指して本土行きのフェリーに乗り込むという。「金持ちなのさ。」センターの職員は言う。

※約140円(2014年前半のレート換算)

旅はここで終わるはずだった。だが突然、数週間待ち望んでいたメールが返って来た。もはや敗北を覚悟していた、お役所仕事との戦いに勝利したのだ。昨晩、我々の哀れさと厚顔無恥さの両方をさらけ出しながら、1時間以上を費やして書いた最後のメールが相手方に届いた。
またもや、カルロスのイタリア語が決め手となった。

件名：2014年3月8日のご乗船について

スポットルノ様

おはようございます。
あなた様とアブリル様に新たなご乗船の機会がございますことをお伝えいたします。明朝ヘリコプターで、マリスタエリ・カターニアから直接お越しいただけます。乗船していただくためには、朝7時にはすでに基地内にお越しいただいている必要がございます。その後、ヘリコプターでグレカーレ号の艦上までお連れいたします。今のところ、乗船時間がどれ程になるかはお答えしかねます。

どうぞよろしくお願いいたします。
ファウスト・フォイス海軍中尉

※高速移動が可能な小型・中型の駆逐艦や戦艦

真っ先に編集部へ電話した。「マーレ・ノストルム作戦への取材許可が下りました。地中海をパトロール中のフリゲート※まで、ヘリコプターで連れて行ってくれるそうです。いつ乗船するかは分かるのですが、いつ陸に戻れるか分かりません。どうしましょう？」防衛分野での取材経験が豊富な副編集長が答える。「乗り込め！」

慣れた足取りで軍用ヘリコプターに乗り込もうと試みたが、キャリーバッグをゴロゴロと転がす戦場記者などいるはずもない。

日中は、船内を自由に見て回ってよいことになった。
「戦術室を除いて、どこに入ってもいいですよ。」
やっと、透明性が多少なりとも確保された。

無数にある船室をめぐる。
回廊、ハッチ、迷路のように配置された部屋など、
フリゲートの隅から隅まで見学する。

船尾でタバコを吸いながら、
船乗りたちと愉快な会話を
楽しむ。我々は乗組員たち
の人柄を知るようになり、
かれらも打ち解けはじめた。

2、3日過ぎても、海は荒れたままだ。

専属コックの手作りピザに舌鼓を打ち、本場のエスプレッソを嗜む。ついにスペイン語混じりのイタリア語まで話し始めた我々は、軽いストックホルム・シンドロームにかかっているようだ。

ここはイタリア、もちろんサッカーは欠かせない。

海軍には、欠かすことのできない儀式が大小合わせて数十もある。メガフォン越しに、海軍史における伝説のエピソードや人物伝が語られることもしばしばだ。我々も国旗掲揚式に参列する。

ここは戦艦。部隊の士気を維持することはとても重要なのだ。

ある朝、海兵隊員たちはライフルを取り出し実弾を装填する。一発当たれば致命傷となる、大口径の銃を用いた射撃訓練だ。我々には何の予告もない。

隊員たちは箱を海に投げ入れる。人から遠ざかると箱はたちまち無慈悲に撃ち抜かれてゆく。「タ、タ、タ、タ。」耳をつんざくような音がする。タバコをポイ捨てしたら、こんな風に撃たれて蜂の巣にされてしまうんだろうな……我々だけが、そんな心配をしていた。

常に隊員たちの一歩後ろに立って訓練を指揮するのは、ステファノ・フルメント司令官だ。

※米海軍の精鋭を集めた特殊部隊

船では毎日将校たちと食事を共にしている。特にフルメントとは互いに友情と尊敬の念を抱いた。かれはイタリア版「ネイビー・シールズ※」だ。細身で筋肉質な肉体、ハゲタカのように深く黄色の目、数多の戦場の傷跡を持つ42歳が、200人の隊員を司る。

リビア沿岸から約80マイル、アフリカから目と鼻の先を航行する。4日目、フルメントが言う。
「晴れてきそうだ。」

晴天が何を意味するのか、知らぬ者はいない。

その午後、太陽が我々の背後に姿を現し、奇妙な静けさが船を包んだ。

間もなく何かが起こることを予兆するかのように。

「いっぱい、いっぱい居るぞ…」

一等航海士のダリオ・ジェンティーレがデッキで救助活動を始動する。落ち着き払っていて、内省的。脇役だと思っていた存在が、威厳ある声を上げている。

命令通りに救助用モーターボートが海に浮かべられ、救命胴衣を身につけた人々であふれるボートの方へ向かってゆく。

取材のチャンスが到来した。救助艇に同乗できないか、司令官の許可を求める。少しだけ考え込んでから、かれは言う。

「アヴァンティ（さあ行け）！」

ジュゼッペ・ラドゥ、38歳。移民船に真っ先に乗り込み、救助にあたる。事態に一切動じないその顔は、威厳と落ち着きに溢れる。それは今、この瞬間に欠かせない。

「落ち着いてください、ここはイタリアです。」

カメラとビデオを持ち、救助の様子を二刀流で撮影するカルロス。取材メモを取らず、全ての瞬間を心に留めようとする私。二人とも、目前に展開する非常事態の重大さを噛みしめる。この光景が日常の一部になることなど、いまだに想像できない。

ほぼ全員が難民船から脱出した頃、ひとりのパレスチナ人がVサインをしてみせた。長い旅の終わりは、新しい旅の始まりでもある。

全長約15mの移民船の内部には、一つだけ船室がある。すし詰めで、21人もが乗り込んでいた。

グレカーレ号へと最初に移るのは、赤ん坊と子どもだ。

軍人たちの腕に抱えられ、移送される。小さな子どもたちは、まるで地底から響いてくるような声を上げて泣き叫ぶ。

シリア人の子どもたち。顔には恐怖が刻み込まれている。

ここまで、さらに恐ろしい光景を眼の当たりにしてきたのだろうが——。

※1 イタリアへと地中海を渡る移民船の出航拠点となっている、チュニジアとの国境近くの町
※2 約62万円（2014年前半のレート換算）

グレカーレ号の甲板は、二つに引き裂かれた世界地図の様相を呈する。公式の集計では、男性は198人、女性と未成年者は合わせて20人。出身国別では、パキスタン人100人、シリア人46人、モロッコ人17人、ナイジェリア人14人……。意外にもネパール人が4人もいた。

緊急事態では、時に意外な問題が発生する。それに備えて、やや手荒でも適切な予防処置を取らざるを得ない。

バングラデシュ出身、29歳のモハメド。旅に出る予定の船が見えたとき、引き返そうと思った。「でも、『乗れ！』と怒鳴られ、強制的に船に押し込まれた。やつらは武装したマフィアだ。」

「死ぬかと思った」と続ける。荷室にいた人々は、足を伸ばしたい、息が苦しいと叫んだ。トイレにも行かず、話す時も声をひそめた。

「船長が一人、我々の中に紛れている。」どんなボートにも船長が一人いるはずだが、誰なのか明かす者はいない。「秘密だ。」

かれらは夜明けに眠りにつき、ヘリコプターの音で再び目を覚ます。

状況が掴めないまま、新しい船に移送される。

※1　人員や物資を輸送し、港湾設備に頼らずに自力で陸揚げする能力をもった軍艦

パトロールを続けるフリゲートに代わり、より収容人数の多い揚陸艦※1サン・ジュスト号へ。

この船から、グイード・ランド司令長官が「マーレ・ノストルム作戦」を指揮する。

「イタリアはできる限りのことをしているが、これは欧州全体の問題だ。外交によって、移民の出身国で解決しなければならないんだ。我々には死者が出るのを防ぐことしかできない。」

「ここはEUの海上国境です。」
公海上で入国審査がなされる。

着いたばかりの人々は落ち着かない。「指紋を残さない※2ことはできるか？」と我々に質問する。イタリアでの庇護申請登録を恐れているのだ。

※2　欧州共通の指紋データベース「ユーロダック」に登録されると、EU内の別の国での庇護申請ができなくなる。ただし、イタリアやギリシャは必ずしも適切に運用していないと言われてきた。

> 甲板の上に座る人々の前、水平線の彼方に、かれらが間もなく上陸するシチリア島が姿を現す。微笑みがあふれる。服もまだ乾ききっていないままの者が多い。

「マーレ・ノストルム」作戦開始から4ヶ月。
この時点までに、合計1万人が海から救い上げられていた。
2年後には、1日あたり1万人が救助されるような状況になる。

携帯の電波圏内に戻ると、数十のメッセージと不在着信が表示される。
上司と家族からだ。「一体どこにいたの?」。何の知らせもなく数日間
が過ぎたので、最悪の事態を覚悟していたようだ。
「すごい話があるんだ。」そう返信した。
ひとりのチュニジア人が、家族に生存を伝えたいので携帯電話を
貸してほしいという。拒むことなど、できるはずがない。

マドリードに戻り、「欧州の入り口で」と題するルポルタージュを
2週間で仕上げた。表紙と20ページの本文に加え、マルチメディアでも
発信した。映像は「世界報道写真コンテスト」で入賞した。

※ 2019年2月、北マケドニア共和国に国名変更

1年半後、マドリードにいる私にカルロスが電話してきた。
セルビア国境近く、
レスケというハンガリーの小さな村からだった。

「煙幕が上がり、あちこちに治安部隊がいる。これはカオスだ。」事態の説明。
電話ごしにヘリコプターの音、怒号、そして誰かが殴打される音が聞こえる。
2015年9月、数千人の難民が欧州大陸へと逃げ込んできた瞬間だった。
折しも『週刊エル・パイス』に掲載する欧州国境ルポルタージュの続編企画を
通したばかりで、今度は東欧の国境を取材するつもりでいた。出発地が
決まったわずか3日後、バルカン半島でカルロスに合流した。ハンガリー国境は
封鎖され、シェンゲン協定加盟国もそれぞれの国境を閉じはじめていた※。

※ドイツやオーストリアなどで、治安上の深刻な懸念がある場合などにシェンゲン協定が例外的に認める、一時的な域内国境検査の再導入が開始されていた。

ハンガリーの国境地帯にあるアーショットハロムの町長は、YouTube で「ハンガリー経由で欧州に入ると後悔するぞ。特にアーショットハロムから入ると、最高に痛い目に遭う」と警告したことで有名になった。自らの見解を一言で述べる。

「かれらの夢が、我々の夢を破壊するのだ。」

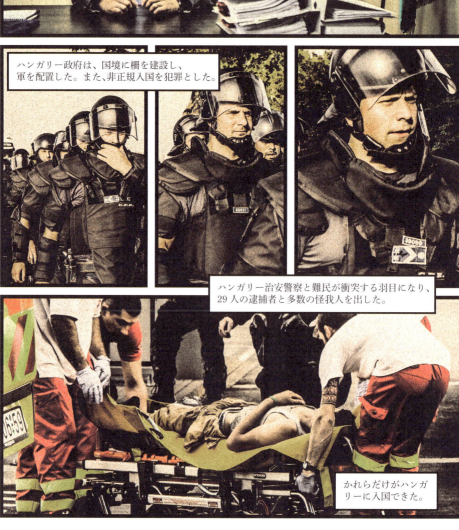

ハンガリー政府は、国境に柵を建設し、軍を配置した。また、非正規入国を犯罪とした。

ハンガリー治安警察と難民が衝突する羽目になり、29 人の逮捕者と多数の怪我人を出した。

かれらだけがハンガリーに入国できた。

欧州の最悪の側面が露呈しはじめた。
我々がグレカーレ号の甲板を去った時から、
誰もが道を踏み外しているようだった。
ここでも、よそでも。

この頃、ISISはカリフ制樹立を
宣言し、シリア内戦は
国際世論の一大関心事となっていた。

アフガニスタンからリビアに至るまで、
多くのイスラム教国が崩壊の道をたどっていた。
逃げ惑う人々の波が、欧州に殺到しはじめた。

ここでも、人々は
柵ごときに屈するわけにいかないのだ。

※ギリシャからバルカン半島西側のマケドニア、セルビアを抜けてハンガリー、あるいはクロアチアへ抜けるこのルートは一般に、「(西)バルカン・ルート」と呼ばれる。

※ 2015年9月2日、トルコの海岸に漂着したクルド系シリア人アラン・クルディ君（当時3歳）の溺死体の報道写真が世界に配信され、衝撃を与えた。

※ 1991年6月に勃発し、旧ユーゴスラヴィア連邦の崩壊につながった内戦。戦闘の泥沼化や「民族浄化」に向けた他民族の排除などによって、多くの人々が難民となった。

駅構内の末端に、即席の国境ができた。
厳密に言えば、EU加盟国であるクロアチアの内側だが。

それでも柵と警官隊が、
欧州の内外に世界を二分する。

シリア人の5歳の男の子が
見慣れた様子で眺める。
治安部隊の威圧に抵抗する
よりかは、隊員に同情する
かのような老練な眼差し。
少し先では母が娘を慰め
混乱から一時的にじも
遠ざけようとしている。

「薬がないの。ばくだん
だけ。」8歳の女児が話す。
英語は小学校で学んだ。

柵の前で助けを求める叫び、挙げられた手、
息ができず苦しむ顔。何かのリストを手にする者もいる。
何の役にも立たないのだが。

治安部隊が少しずつ前進する。
家族が、兄弟が、友人たちが
バラバラになる。
両親と別の側に引き離され、
泣き出す子どもたち。
拡声器を持ち、人々に
落ち着くよう要請して回る者も。
「２列になって！」警官が叫ぶ。

近くの壁には、NGOが行方不明者捜索
のための連絡先を掲示していた。

スロヴェニア国境でも状況はほぼ変わらない。クロアチア越えに成功した難民が少しずつ到来し、また足止めを食らっている。

検問での待ち時間に、難民たちは寄付された衣服の配給所に立ち寄る。先に備えて、防寒具と靴をもらってゆく。

様々な宗教団体のボランティアや中欧から来た学生たちが救いの手を差し伸べていた。連帯の渦が生まれる。

両親たちが少しでも休めるように
と思い、子どもたちと遊んだ。だが
そうしているうちにも、連帯は
次第に弱まることとなる。ほどなく
いくつかの国々が難民のEU
加盟国間での分担割当案※を拒否。
難民数は2015年末で100万人
近くに達していた。大半は
ギリシャから欧州に入ったはずだ。

なぜギリシャは国境を開放したのか。

※ 2015年5月に欧州委員会でなされた、ギリシャやイタリアに殺到する難民をEU加盟国で分担して受け入れ、再定住させるための提案。

疑問に思う我々は、ギリシャ防衛相の極右政治家パノス・カメノスの演説を知った。通貨危機でギリシャのユーロ離脱が取り沙汰され、ギリシャ・ドイツ両政府が救済をめぐって交渉する最中に繰り出された、怪しい警告だ。「欧州が酷い仕打ちで我々ギリシャを危機に陥れるなら、我々は欧州を移民で溢れさせてやる。ベルリンは最悪の惨事を経験するだろう。移民の中にはイスラム国のジハード主義者がいるかもしれない。」

ナショナリズム、隣国間の相互不信、外国人嫌悪──欧州で何らかの亀裂が生じてきているという感覚とともに、我々は家に帰った。

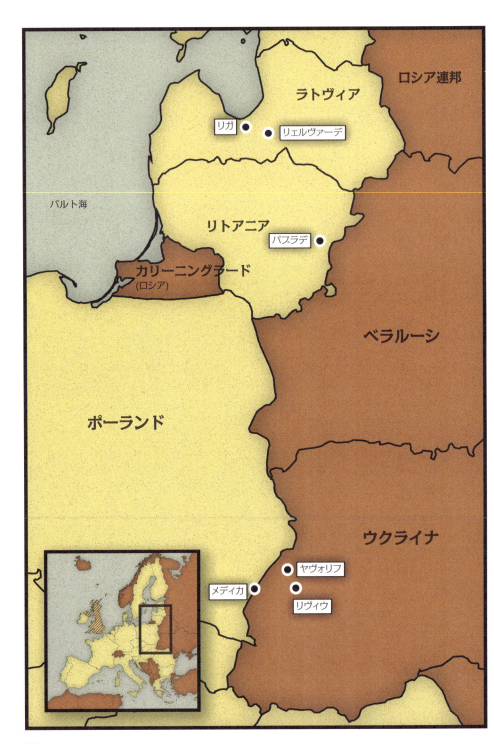

2015年10月、カルロスはブカレストに向かった。中東欧諸国首脳会議を取材するためだ。
ブルガリアからエストニアまで、近年になって欧州連合に加盟した旧共産圏の国々が参加する。
これらの国々は結託して、難民の分担割当に反対してきた。今回はロシアの「好戦的な」
態度を引き合いに出すというお決まりの手法で、NATOが存在感を増すことを求めている。
少し前から、我々は次の取材準備をしていた。ロシアはウクライナに侵攻し、クリミアを併合。
紛争が目の前に迫り、EUの東側では恐怖が広がる。着眼点を変え、新冷戦の足音が
聞こえはじめた国境に向かうことにした。そんな時、取材のチャンスが舞い込んだ。
ベラルーシの間近、リトアニア領内でのNATO軍の機動演習だ。

11月に入った。欧州は、その後に深刻な余波をもたらすこととなる一撃を被る。
カルロスと私がリトアニアで合流する2日前のことだった。

※「パリで襲撃事件　市内とスタジアム周辺で少なくとも死者40名、負傷者60名」

カルロスがパリで夕食をとっていると、近くで銃撃事件があったとウェイターが伝えた。テロリストと遭遇しないよう周囲を見回しホテルに走って帰る。部屋にこもりながら何が起きているのかを探っている。

「これが亀裂だ。」
カルロスに返信した。

欧州の大亀裂そのものである外部国境をめぐる間、漠然と考えていた。欧州統合の理想に数十もの亀裂が生じている。難民をめぐる深い亀裂。ナショナリズムが生んだほころび。国境閉鎖と英国のEU離脱。ポピュリズムやイスラム嫌悪。危機の中での南北対立。ブリュッセルに新たなモスクワを見出して警戒する東欧諸国。シリア、イラク、そしてリビアの戦争がえぐった深い裂け目。そして、我々がこれから対峙する巨大な裂け目、ロシア。

「複数の大亀裂に加え、小さな亀裂もある。全てがつながっている。」テロの直前、カルロスは私にこう語った。「亀裂を食い止めなければ、骨組みごと崩壊する。」

欧州そのものの存亡がかかる。自由、国境の撤廃、70年間続く平和。過酷な状況から逃れてくる人々を惹きつけてきた、欧州の全ての要素が危機に陥っている。

ベラルーシから8km離れたパブラデに到着した。気温は4℃、森の中では砲撃の音が聞こえる。我々の頭の中は、たちまち疑問で溢れかえった。

忍耐強いリトアニアの軍人たちは、少しはったり屋で快活だ。だが、ロシアの話になった途端に態度が一変する。じきにリトアニアが攻められると考えて疑わないのだ。

2000人の兵士が、11のNATO加盟国から派遣されている。攻守に分かれて訓練をする。

保守派議員のマンタス・アドメナスは、国民防衛義勇軍の予備役を務める。祖父は赤軍と戦い、自身もソヴィエト支配下で辛酸をなめた。オックスフォード大学でソクラテス以前の哲学について研究し、博士号を取得。ウクライナでの「事変」の後、義勇軍に志願した。

「ロシア気質がどういうものか、我々は知っている。」かれは語る。「奴らは何をしでかすかわからない。」

仮想敵は、架空の国レッドランドだ。東から攻める同国を支えるのがFMAという架空の民兵組織。旧レッドランド領域を侵攻して、分離独立を目指す。仮想敵の紋章は、不気味なほどロシア国章にそっくりだ。

FREEDOM MOVEMENT ARMY (FMA)

FMA OBJECTIVES:

- Gain autonomy from AMBERLAND and join LATGALA Republic
- Destabilise the security situation
- Gain local population support for AMF
- Recruit new fighters from local REDLAND minorities
- Re-establish the influential power of the AMF political party

プロパガンダ・心理戦室にあるもの全てが、ウクライナとクリミアを連想させる。

レッドランドが侵略するのは、アンバーランドという「架空」のNATO加盟国。同盟国への攻撃は、全加盟国に対する攻撃を意味する。そう我々に強調する。

前線に向かう道中、軍人たちは訓練の目的を簡潔に述べる。「痛い目に遭うから、ここに決して近づくべきでないと示すためだ。」

打ち解けてくると、軍人たちはロシアへの意見を赤裸々に語る。我々に、連合軍の介入が必要な理由を理解してほしいようだ。

KGBの監獄や旧ロシア帝国の恐怖について話す。「19世紀と、酔っ払いのエリツィンの時代。我々が安心して暮らすことができた時代は、この二つしかない。」

ベラルーシとカリーニングラードによって板挟みにされた国。それがリトアニア軍人による自国認識だ。カリーニングラードは、ロシアが1945年から保持する軍事的に重要な飛び地だ。

「クリミアの二の舞にならない保証なんてないだろう？」

今日はラトビアの独立記念日だ。首都リガの通りは外国の軍隊であふれる。

ある米軍の指揮官は、ここにいる理由を教訓めいて説明する。
「しばらく会っていなかった恋人みたいなものだ。
週末だけでも、できるだけ一緒に居たくなる。」

夫婦療法は
うまくいっているように見える。

バルト三国はみな小国で、軍隊の規模も
小さい。NATO軍基地の常設も、
ロシアとの合意で禁止されている。それでも、
創意工夫の余地は常にあるものだ。

NATO軍の部隊は東欧に「ローテーション」で配備される。司令部の機能は、NFIU（NATO部隊統合ユニット）という見慣れない頭文字で曖昧にされる。

人々にとって何よりも重要なのは、米国の後ろ盾だ。エストニアの国防大臣は、現状を「新しい軍服で臨む冷戦」と定義する。

否、パレードからは新しさも大して感じられない。一部の軍服は、冷戦期とほとんど同じものだ。

英国旗がはためく。この国のEU離脱や欧州やNATOへの軍事的影響を予測するものは、この頃まだわずかだった。ブレグジットの激震がもたらした、新しい亀裂の影響はどこまで及ぶのか。

編集部に帰る時がきた。取材ノートに、カナダ軍の軍人たちの連絡先を書き留める。かれらにリトアニアの森で会ったとき、ちょうどウクライナに部隊を送ったと語っていた。今まさに国境にいる軍人を取材すれば、良いルポルタージュが書ける。
編集部も同意してくれた。次なる弾丸旅行に備える。
今度は、戦争中の国の銃後へと向かうために。

※ウクライナの通貨はフリブニャ。1フリブニャの100分の1が1コピーイカ。

醜い、灰色がかった無人の土地が広がる。なんとも居心地の悪い場所だ。そろそろ、手持ちのコピーイカ※が必要かもしれない。

両替所前で女性がウォッカとタバコを売っている。商品を袋に入れたまま見せてくる。タバコを買って札を渡すが、釣り銭をくれない。抗議すると、激怒してわめきだした。

私は昔から、この手の嫌がらせに引っかかりやすい。「口論してもむだだ」とカルロスが制止する。初歩的なミスだった。

続いて、ポーランド国境警備隊のもとに立ち寄る。
ウクライナ側に渡る前に、ここに取材しないわけにはいかない。

ポーランド国境警備隊の職員が活動内容を説明する。1時間に渡り、統計やグラフ、EUの資金で購入した最新機器の情報まで盛りだくさんのパワーポイントを見せられる。現場が見たいと丁重にお願いしたが、無駄だった。めまいとともに、施設を出る。

我々の訪問を、ある種の監査として受け止めたようだ。「ここはハンガリーとは違います」と司令官が釘を刺す。「ご覧の手法によって、我々は新たな柵を建設せずとも国境の安全を完璧に守っているのです。」

年間50万人がこの国境を通過する。特にウクライナ側には長蛇の列ができ、車で通過するには約3時間かかる。列の長さが数キロに及ぶこともある。シェンゲンのありがたみを思い出した。

※1 ここでは、クリミア半島に起源を有するテュルク系民族であるクリミア・タタール人を指す。

ウクライナ文化の首都リヴィウで一夜を過ごす。静かで、紛争は遠くの出来事に思える。だが戦争の足音は、中東風のカフェの中にまで響く。

タタール人※1 の避難民と会い、話した。併合後にクリミアを去った人々だ。かれらの共同体への迫害は、大昔から続いてきた。

「ロシアは私たちの歴史、ことば、そして伝統を破壊したがっている。」

地元の極右政治家が、ロシアに対する抵抗運動の資金源について語る。フランスのル・ペンやイギリス国民党など極右との結びつきを断言した。「まもなく EU は崩壊するだろう」などと恐ろしいことを言う。

民兵の一人とも話をした。写真家だったかれは、ユーロマイダンの抗議運動※2 中に顔を殴打され負傷した。回復後すぐに志願したという。明日かれは前線に戻る。

※2 ウクライナの首都キエフで、EU との連合協定締結を見送ったヤヌコーヴィチ政権に反対する市民が、2013年末から独立広場を中心に展開した反政府デモ（「マイダン」はウクライナ語で「広場」の意味）。

早朝、前時代の香りがするタクシーに乗る。
ポーランド国境に面した、国際平和維持安全保障
センター（IPSC）に向かう。以前はソヴィエトの基地だった。

骨に染みる寒さだ。
既に初雪は降ったが、
雪は昼まで残らない。

主にアメリカとカナダから
約500人の兵士がここに
派遣されている。任務は、
ウクライナ軍の訓練だ。

こうした部隊の展開は、
他の多くの出来事と同様、報道されない。

センターはNATOとは無関係だと、案内人の
カナダ人が言う。だが、国旗の並ぶ紋章は
あまりに怪しい。参加国すべてがNATO加盟国、
いくつかは主力をなす大国なのだから。

※ウクライナ東部ドネツ川流域。ロシア語話者が多く、石炭・鉄鋼の工業地帯があることで知られる。

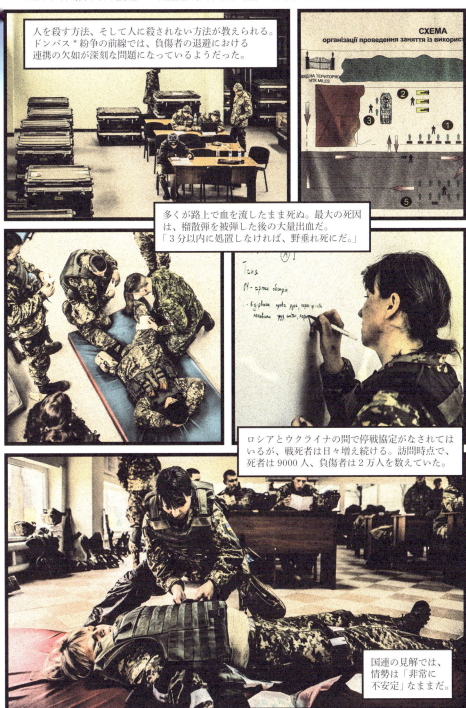

将校たちは、前線のことを
「反テロリスト作戦 (ATO) ゾーン」
と呼ぶ。意味を聞くと、そっけない答え。
「ロシアの占領地域だ。」

外国軍は、EUの近隣諸国に軍事訓練を提供することができる。だが、戦闘への介入は禁止されている。よって、ドニエプル川を越えることは決してできない。この川を境に、ウクライナは伝統的に親ロシアの東部と、親欧州の西部の間で分裂しているためだ。

軍人たちは、ウクライナでの戦いにはカナダの国民感情に訴えかけるものがあると言う。ソヴィエト期、食糧難やスターリンの大粛清を逃れ、多くの人々が亡命した。

カナダは、ウクライナとロシアに次いでウクライナ人が多く住む国だ※。
ソヴィエト的膨張主義の再来を前に、ウクライナとの同盟を望むカナダ人は少なくない。

※カナダには現在、120万人以上のウクライナ系カナダ人がいるとされる。

「ウクライナが敵を撃退できなければ、
次に攻められるのは欧州だ。」ある民兵組織指導者
は、確信に満ちた口調で予測する。ウクライナ人の
若者たちが、またたく間に戦い方を学んでゆく。
よその地政学に気を取られている場合ではない。
訓練の爆発によって、目を覚ました我々の胸に、
衝撃波が響く。地面には無数の穴が開く。

耳をつんざくような爆音のあと、
口の中にまで火薬の匂いが広がる。
繰り返す歴史の波を前にした、無力感の後味は苦い。
我々は基地を離れて、ポーランドに戻る。
この先も予定はぎっしり詰まっているので、先を急ぐ。

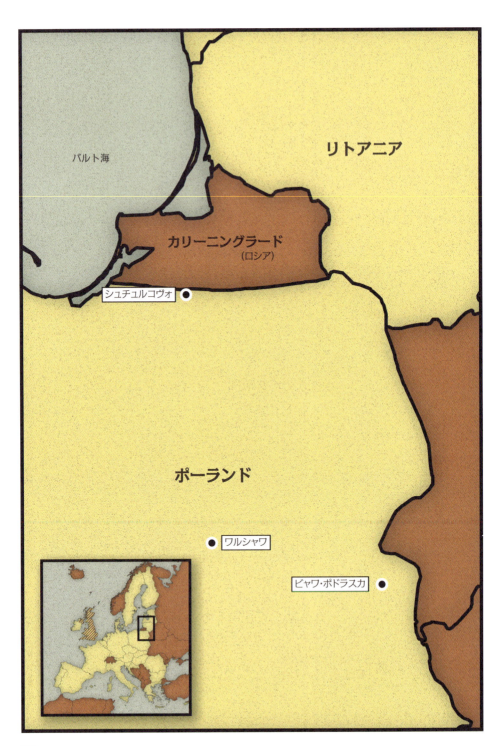

ポーランドを横断し、北部国境を監視する塔の下に着いた。第二次世界大戦が生んだ奇妙な境界の一つであるカリーニングラードと対峙する以外、特筆すべきことは何もない。かつてケーニヒスベルクと呼ばれたカリーニングラードは、東プロイセンの首都だった。欧州で最も歴史ある大学の一つを擁したこの街で、哲学者のイマメュル・カントは生まれ、思索し、生涯を全うした。1945年にソ連に併合され、今日もロシア連邦の一部をなす。ロシアがバルト海に有する、唯一の不凍港。大西洋への最短経路だ。世界中で最も軍事化された場所の一つ、カリーニングラード。隣り合う側にも相当の監視が求められる。

ようやく世界の見方を分かつ、
二色の境界標を見つけた。
素早く仕事を終えなくては。
我々も、国境の歩き方が
多少わかってきたのだ。

カルロスが数枚、写真を撮る。
そして念のため、すぐさま
回れ右をして引き返す。

さっき会った村人と、
再びすれ違う。

何かを隠すように、
頭を下げたまま歩いている。

国境警備隊に通報された。
かれは当局公認の密告者だっ
たのだ。

ギリシャでの失敗に懲りず、またやってしまった。どこからか、仏頂面の国境警備隊員が現れる。
上司と無線で話し、我々がジャーナリストである事を確認する。「OK、問題ない」。無罪放免。
欧州では、この程度で済むことが大半だ。隊員は親切にも、警察の写真入り冊子を土産にくれた。

グルジア（ジョージア）出身のイルマは、3週間前にベラルーシから国境を越えて来た。ポーランドの病院で三男を出産したばかりだ。「ここの人々は殺し合わず、命を大切にする。微笑んで、救いの手を差し伸べてくれる。」

ニゾモフ一家は、はるか遠いタジキスタンから来た。父親は「敬虔なムスリムのジャーナリスト」で、体制に批判的な立場を取る。複雑すぎて理解できない。

妻は黙って、曇った表情で我々を見つめる。

人知れず続く紛争や、不安定な情勢、そして専制政治。難民たちの話はみな、かれらの祖国において持続するロシアの影響力を物語る。

ここの人たちは、欧州の入口を「危険な世界を出て、安全な世界に入るための境界」と言い表す。

取材を終えて施設を出る。カルロスと私は出口のそばに佇み、見聞きした事を消化する時間をとる。毎回、取材の後にはこうするのだ。タバコを一本吸うまで、10分ほど話し合う。新しい考えを形にするため、ちょっとした問答を続ける。次から次へと疑問が生じる。難民で始まった企画に今回の記録をどう収めようか。シリア難民の大脱出とプーチンの領土拡大主義の間に関係はあるのか。統一された欧州と分裂した欧州、ロシアにとって都合が良いのはどちらか。ロシアのことが頭から離れない。もう一度マドリードへ戻って、一息ついた。最後にもう一度、取材旅行をしよう。今までで一番寒い所に。

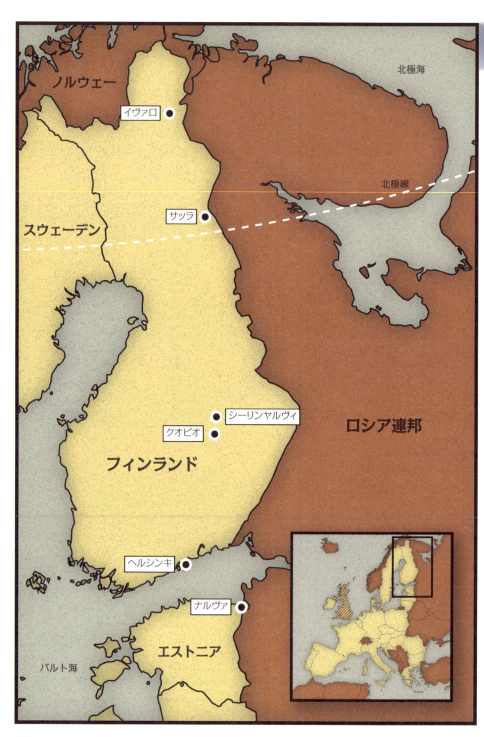

手に入るうちで最も厚手の服をスーツケースに入れる。次はいつ使うか
わからないサーマルブーツまで購入した。カルロスは、悪条件でも
カメラが使えるよう何日も整備する。いよいよ最後の取材旅行が始まる。
タリンのジャーナリストいわく、「ロシア語話者の住む惨めな地獄だからと、
大抵の人が寄り付かない」場所が、我々の目的地だ。
EUの中で最もロシアらしい都市、エストニアのナルヴァに着いたのは
2016年の1月だった。気温は零下10度。少し前まで聞いたこともなかった
この場所の謎を解き明かすため、必死に雪の中を長靴で歩く。

見晴らしの良い丘の上に立つ。
一方に欧州、他方にロシアを見渡す。ふたつの要塞が対峙する。エストニアの防衛大臣によればここは「ふたつの世界の間にそびえる絶壁」だ。

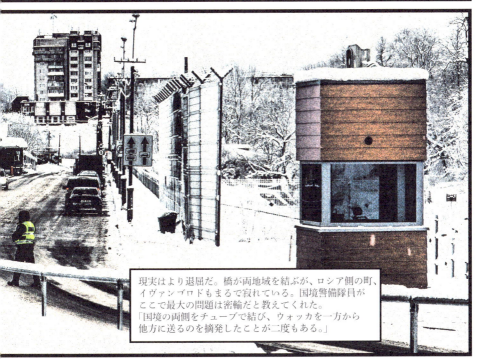

現実はより退屈だ。橋が両地域を結ぶが、ロシア側の町、イヴァンゴロドもまるで寂れている。国境警備隊員がここで最大の問題は密輸だと教えてくれた。
「国境の両側をチューブで結び、ウォッカを一方から他方に送るのを摘発したことが二度もある。」

町を少し歩くだけで、第二次世界大戦後に誰が移り住み、復興を担ったのかが簡単に分かる。公式統計によれば、ナルヴァに住む6万5000人のうち95%がロシア系だ。

戦後、ソ連圏のあらゆる地域から人が来た。住居を提供され、ソ連最大の繊維工場で働いた。胸を張って五ヶ年計画に邁進する、そんな時代。

エストニアが独立した時、ロシア系住民は残留を決めた。大半がロシア国籍を選択し、エストニアに帰化したものはわずかだった。無国籍になった人も多数いた。ここのロシア系無国籍者には、ビザなしでのロシア入国とEU域内自由移動双方の特権が与えられた。

ロシアのクリミア併合まで、誰も気にかけない場所だった。ところが、ロシアの次の一手が繰り出される場所を人々が憶測する中で、ナルヴァも注目されるようになった。

クリミア併合の直後、ナルヴァでエストニア独立記念日の祝典が開かれ、同盟国アメリカの戦車がロシアの間近をパレードした。誰もがそれを喜んだわけではない。

何週間も前から連絡先を探していた人物に、出会うことができた。特徴的な人物だ。

ロシア市民協会の会長であるヴラディミール・ペトロフは典型的な古い「ソヴィエト的人間」だ。「誰も侵略したいとは考えていない。それは政治家や軍隊の問題だ。NATOは本当に必要か？」。米国の介入がなければ、ロシアとEUの関係は改善すると示唆する。

ウォッカの一杯とともにインタビューを終えたかったようだが、引き出しにはアメリカのウィスキーしかない。不機嫌そうに、それでも盃を上げる。「ナズダローヴィエ（乾杯）！」

※ソヴィエト社会主義共和国連邦（Союз Советских Социалистических Республик）の略称

ナルヴァのロシア系住民、ロマンと話した。ちょうど、かれの釣り糸に引きがくる。氷の穴から魚を釣り上げると、我々に自家製の蒸留酒を振る舞う。CCCP* と書かれたショットグラスで乾杯する。自宅での夕食にも招待してくれるという。

結局、お邪魔することにした。Google 翻訳で意思は通じたが取材めいたことは何もできなかった。

台所で一杯目の蒸留酒を注ぎながら、すかさずロマンが言う。「写真もメモも禁止。明日も覚えていることだけ、記事にするんだ。」

案の定、ほとんど何も覚えていない。かれのアパートは、古い集合住宅の高層階だった。別れ際、「ロシアはいつか EU に加盟するか」と質問すると、かれは我々をクマのようにぎゅっと抱擁しながら答えた。「いつか EU 全体がロシアの一部になるだろうよ！」

151

二日酔いの鋭い頭痛に見舞われながら、ペイプシ湖上の寒さを思い出す。
我々は湖上で初めて、ナポレオンをも撃破した「冬将軍」の脅威を実感した。
大昔から、ロシアの極寒を前に倒れた部族や王、そして帝国は数知れない。
13世紀には、ロシアの英雄アレクサンドル・ネフスキーが血みどろの決戦
を湖上で展開し、ドイツ騎士団を撃退した。この物語はエイゼンシュテイン
監督の名作映画※でも知られる。1938年に、ヒトラーのドイツとの緊張が
高まる中、ソヴィエト精神を高揚させたいスターリンの肝煎りで製作された
国策映画だ。それはそうと本当の寒さは、もう一歩北上したところで我々を
待ち構えていた。それがどんなものか、この時はまだ見当もつかなかった。

※『アレクサンドル・ネフスキー』(1938年)

飛行場では、離陸準備が整う。バルト海上の定期巡回だ。「ロシア国境をお見せします」と案内を受ける。

ふと地中海でのフロンテクスへの取材を思い出す。フィンランド国境警備隊も欧州の共同作戦に加わり、ランペドゥーサ島やジブラルタル海峡※での救助活動に参加したことがある。

「移住しようとする人々の圧力が南ではとても強い。」隊長は語る。「これは南の国々が単独ではどうにも対処できない。かれらを可能な範囲で助けることは、我々の義務なのです。」

※スペイン南部や英領ジブラルタルと、モロッコ北部やスペイン領セウタの間の海峡。幅は最狭部でわずか14kmだが流れが激しく、スペインをめざす（主にサブサハラ出身者を乗せた）移民船の遭難や海岸への漂着が絶えない。

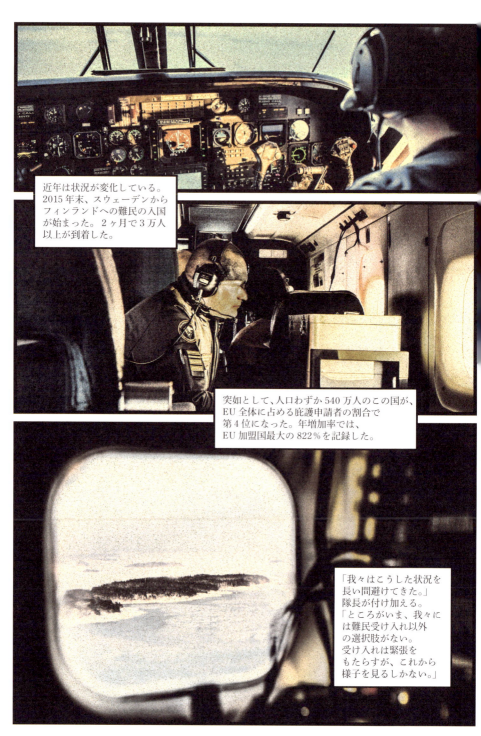

近年は状況が変化している。2015年末、スウェーデンからフィンランドへの難民の入国が始まった。2ヶ月で3万人以上が到着した。

突如として、人口わずか540万人のこの国が、EU全体に占める庇護申請者の割合で第4位になった。年増加率では、EU加盟国最大の822%を記録した。

「我々はこうした状況を長い間避けてきた。」隊長が付け加える。「ところがいま、我々には難民受け入れ以外の選択肢がない。受け入れは緊張をもたらすが、これから様子を見るしかない。」

160

北極線よりもさらに北上し、イヴァロに向かう。北緯68度、ロシア国境から40km離れたこの町に、EU最北の軍事基地がある。

マンネルヘイム元帥の肖像画が施設内に飾られている。ナチスの支援を受けながら、対赤軍戦で国を率いた軍人だ。1945年以前の国境線が引かれたフィンランド地図もある。ロシアに領土の一部を割譲する前のものだ。最も荒々しい軍人たちですら、隣国の話には口ごもる。

「ロシアの問題は、世界の英雄になりたいと企んでいることさ。」国境猟兵中隊を指揮するミッコ・ヘイッキラはそう言う。車で、軍の秘密のベースキャンプまで送ってくれた。

161

この森で、未来の国境警備隊を訓練する。国境地帯で兵役を果たすことを自発的に選択した若者が集う。

隊員の大半はサーミ人＊だ。欧州人というより、むしろスカンディナヴィア人としての自己認識を持つ者もいる。今回は、かれらにとって初の野営だ。気温は-30℃、息を弾ませて進む。隊長は、すでに足に凍傷を負った隊員が1名いると告げる。「ここに来るのは、自らの限界を把握するためだ」と付け加えた。

「多くの者が、実際限界に到達する。」

あまりの寒さに、恐怖を感じ始めた。指の感覚がない。携帯電話の電源も入らなくなった。カルロスの眼鏡が突然真っ二つに割れ、ガムテープで応急処置をする。ペンもインクが出なくなった。

ミッコが鉛筆をくれた。小刀で削れば、寒くても書ける。「これなら絶対大丈夫」と微笑む。

＊スカンディナヴィア半島北部やロシア北西部に居住し、サーミ語を母語とする先住民族。

欧州各地で変化が起きていた。観光スローガンで「何もない辺鄙なところ」と謳うほど穏やかな寒村のサッラでも、突然奇妙なことが起こり始めた。

最初は1日あたり1台が来る程度だった。それが2台、3台、4台と次第に増えていった。今に壊れそうなおんぼろのソ連製、テープでつなぎとめた車に5、6人が乗り込んでいる。国境に着くやいなや、人々は車から降り「レフュジーズ（難民だ）」と言う。

自動車の墓場ができている。EUの入り口で息絶えたラーダとヴォルガ*の数々。即座にランペドゥーサ島に積み上げられていた廃船の山を思い出した。地中海でも、北極圏でも、乗り物が大陸の境界の有様を雄弁に物語る。

冷たい風とともに知らせが来る。
「さっき、車がまた一台到着した。」

※それぞれ、ソ連の代表的な自動車メーカーであったVAZ（現アフトヴァース）とGAZの代表的車種

165

アフガニスタン人の一家とふたりのカメルーン人を乗せた
ラーダが到着した。互いに、不思議な旅の道連れだと
思ったことだろう。欧州の法によって、我々がこれから
難民申請者となるかれらと話すことは許されない。
国境を背にかれらの写真を撮った。表情、着込んだ服、
スーツケース、周囲の雪、全てが状況を物語る。
我々の生きる世界を、まるで鏡写しにしたようだ。

写真から、中東とその戦争、アフリカの貧困が見える。
背後にはロシア、手前には安全な孤島としての欧州。
欧州連合、平和の理想、そして豊かさとともに、
あらゆる亀裂が見出される。英国は逃げ出し、国々の間に
壁が築かれる。ナショナリズムが台頭する。
軍国的で挑発的、怒りに満ちた言葉遣いが流行る。
第三次大戦の到来がささやかれ、
すでに始まっていると断言する者まで現れる。

はっきりしたあてもなく、我々は旅に出た。だが、多くの
人や物に出会うことができた。全てを語らなくては
ならないという気持ちとともに、最後の帰路についた。

●スサナ、すべてを可能にする環境を作ってくれてありがとう。パブロ、すべてを意味のある
ものにしてくれてありがとう。カルロス

●私と人生を共有してくれるエレナに感謝します。そして、いつも私の人生を一緒に解読して
くれるアレハンドラとナタリアにも。そして、両親と姉にも。ギジェルモ

●ここに登場するすべての人々、特に、このルポルタージュの主人公である何百人もの難民や
移民たちに感謝申し上げます。かれらに心を開いてもらい、各々の人生について多くのことを
語ってもらいました。この物語は、かれらの協力なしにはできませんでした。

●アディレ・ナマゾヴァ、エイドリアン・エヴァンズ、アルバロ・コルクエラ、アルバロ・マ
ティアス、アルベルト・アナウ、アルムデナ・マルティン、アメリア・カスティリャ、アルトゥ
ロ・ランブラ、アタ、カルロス・ヤルノス、コンチャ・ガリド、ディエゴ・アレソ、ディーター・
ノイベルト、ドナルド・ヴェバー、エレナ・ガルシア・アヤラ、エロイーザ・ドルスィ、エウ
ヘニア・デラトリエンテ、エヴァ・モンキュール、エヴェリン・カルドヤ、フェルナンド・マ
リアス、フレデリク・レズミ、ジェンフランコ・トゥリポド、ヘアガ・ホフマン、ハビエル・
アユソ、ジェロニモ・アンドレウ、ジュアン・フンクベルタ、ホセ・フェリクス・バロン、ホ
セ・パラソン、フアン・カルロス・トマスィ、フアン・ペセス、フアン・バルブエナ、ユディ
ト・グレイツァ、ラウラ・ポデロソ、マイテ・リコ、マヌ・ブラボ、マークス・シャーデン、マ
リ・パス・ドミンゲス、マリナ・レヴィンスキ、マルティン・バル、マクスィミアン・ポップ、
ミハエル・ライグナー、ミゲル・ゴンサレス、パオロ・ウッズ、ペペ・フンデモラ、ピエール・
ベサール、ピエール・ブフェ、ピラール・アンドレウ、キノ・ペティ、ラモン・ペス、レミ・
コワニェ、ロブ・ホーンストラ、サロメ・モングル、サイモン・ロバーツ、ソニア・ジャウネ、
ステファノ・フルメントとグレカーレ号乗組員のみなさん、チェマ・サウバンス、ヤン・ミン
ガルドの協力に感謝します。

●そして、
国連難民高等弁務官事務所 (UNHCR)、ブルガリア国家難民支援局、トヴァルニク市役所、アソ
シエーション・プイヨラ、ミネーオ庇護申請者受入センター (CARA)、ビャワ・ポドラスカ難民
受入センター、タリナ／レヴァネン受入センター、フィラキオ初期受入センター、メリリャ移
民一時滞在センター (CETI)、メリリャ治安警察司令部、『シュピーゲル』編集部、ギリシャ陸軍、
『エル・パイス』特集部、ギリシャ沿岸警備隊、イタリア海軍、イタリア国防省、『エル・パイ
ス』、『週刊エル・パイス』、フロンテクス、駐伊スペイン王国大使館、駐西エストニア共和国大
使館、駐西フィンランド大使館、駐西ポーランド共和国大使館、リトアニア軍、アメリカ合衆
国軍、カナダ軍、英国軍、エストニア軍、ラトヴィア軍、ウクライナ軍、ポーランド国境警備
隊、フィンランド国境警備隊、エストニア国境警備隊、シーリンヤルヴィ難民センター、NATO、
メリリャ国家警察署、スペイン内務省、ルーマニア外務省、ラトヴィア防衛省、ギリシャ警察、
ポーランド外国人局、ブルガリア国境警察、カターニア県庁、SOS コンヴォイ、SOS クリミア、
イタリア国家警察、国境なき医師団 (MSF) の皆さんにも、感謝申し上げます。

●本書の内容は全て、著者の取材旅行中に起きた実際の出来事です。出来事の順序に関し
ては、編集の都合上、一部前後している箇所があります。全ての写真の色彩コントラスト
を上げ、また一部については反転・回転・色調補正を施しています。それ以外のデジタル
編集は、例外的に 76、77、164 ページの写真に影を付けた以外、一切行っていません。

訳者解説

　本書は、「欧州難民危機」が世界的ニュースとなった2015年夏をまたぐ、足掛け３年に及ぶ欧州域外国境取材の成果だ。日本でも大きく報じられた「地中海をボートで渡る人々」や「バルカン・ルートを通り、ドイツを目指すシリア難民」の姿を捉えつつも、それにとどまらず、移動する人々や国境地帯をめぐる多様で複雑な背景に光を当てる。作者ふたりは、まず現場に行き、目にしたものから分析の切り口を考える形のジャーナリズムの必要性を強く自覚しながら本書を制作している。「まずは行ってみる」という精神が、類書の追従を許さない、夏の北アフリカから冬の北極圏までの広大な範囲を網羅するルポルタージュを生んだ。その過程を読者が追体験できるように知恵を絞った結果が、755コマ全てが写真からなるこの「フォト」グラフィックノベルである。すでに英仏独伊の４ヶ国語に翻訳され、米『ニューヨークタイムズ』紙（スペイン語版）や仏『ル・モンド』紙で、内容と形式の双方が高く評価されている。

作者について

　文章担当のギジェルモ・アブリルは、1981年スペイン・マドリード生まれ。スペイン語圏で最も読者の多い新聞の一つである『エル・パイス』の記者である。学部で法学と経済学を専攻したのち、マドリード自治大学でジャーナリズムの修士号を取得。2007年より日曜版にあたる『週刊エル・パイス』の評論記事、人物紹介記事、ルポルタージュなどを担当している。

　一方、写真担当のカルロス・スポットルノは、1971年ハンガリー・ブダペシュト生まれ。イタリア国立ローマ美術学院を卒業後、広告代理店でアート・ディレクターを務めたのち、2001年にフリー写真家となった。2002年にスペイン北西部・ガリシア地方沿岸で発生した米石油タンカー「プレスティージ」号座礁・重油流出事故の現場を撮った写真で、2003年の世界報道写真賞を受賞している。この事故をめぐっては、悪天候下でのタンカーの入港を拒否したことの責任を問われたスペイン政府が情報提供を渋る一方で、リアス海岸の漁村で知られるガリシア地方の人々の生活と自然環境への深刻な影響が次第に明るみに出ることとなった。ジャーナリストの真価が問われる現場で頭角を現したカルロスは、その後も世界各地の社会問題に迫る報道

写真を撮り続け、これまでに6冊の写真集を出版している。

本書刊行の経緯

　二度の世界大戦によって未曾有の損失を被った欧州の国々は、戦争を起こすことのできない関係を互いに構築するという理想のもと、今日のEUへとつながる地域統合への道のりを歩んできた。石炭と鉄鋼の共同管理を出発点に、次第により広い政策分野で歩み寄るとともに、加盟国も増やしてきた。ところが欧州はいま、ユーロ危機や難民の受け入れ、安全保障、果ては英国のEU離脱問題をめぐる、複合的な「危機」のなかにある——。

　もう何年も、こうした語りが繰り返されてきた。だが、実際は何が起きているのか。一方ではルポルタージュや研究が積み重ねられ、「専門家」や「当事者」ではない者が事を語ることが、あるいは素朴な疑問を投げかけることが、ますます困難になっている。他方で、「危機」についての報道写真や芸術作品が多く制作され、人々の心を打つ。だが、高価な写真集は発行部数が少ないうえに説明が簡潔で、背景や制作過程に迫ることが難しい。

　作者の2人も、このジレンマに苛まれた。2013年冬にイタリア・ランペドゥーサ島沖で発生した難民船の遭難事故をきっかけに欧州の外縁を取材することとなったかれらは、EUの西側の最南端にある国境のひとつであるスペイン領メリリャから旅を始めた。特集記事のための取材だったが、ときに困難な取材の過程にこそ、欧州の問題を考える鍵が見出された。つづくバルカン半島取材でも、なかば「素人」のかれらが国境を取材するなかで、様々な困難に直面する（詳しくは本編を参照）。だが、紙面に掲載できる写真はわずかだ。カルロスは、自ら撮影した中から記事に掲載する写真を選ぶうちに、紙幅に収まるわずか数枚の写真を掲載するのでは「アペリティーヴォ（食前酒）に過ぎない」と思ったという。そこで、地中海上での難民救助活動への同行取材では動画も撮影し、それが世界報道写真・マルチメディア部門受賞作となる短編ドキュメンタリー映画『欧州の入口で（*A las puertas de Europa*）』に結実する。しかし今度は、「様々なことを示唆するが、語ることのできることがあまりに少なすぎる」という不満が残った。

　この頃からカルロスは、写真集とグラフィックノベルの融合を構想しはじめる。その発想は、フランスのバンド・デシネ作家であるエマニュエル・ギベールが、かれの親友ディディエ・ルフェーヴルのパキスタン・アフガニスタン国境地帯での旅行を題材に制作した『フォトグラフ』（参考文献①）から得たという。同作品は、ルフェーヴル撮影の写真とギベールの漫画を組み

合わせた、優れたルポルタージュとしても知られる。その頃、取材内容を再編集し、一般向けの書籍にして刊行するという企画で、スペイン・バスク自治州ビルバオ市に本拠を置くビルバオ・ビスカヤ・アンヘタリア銀行財団（Fundación BBVA）の「研究者および文化クリエーター助成金」獲得にも成功した。

　欧州域外国境の北側を取材する手はずが整った 2015 年冬、カルロスはパリ同時多発テロ事件発生を現場近くで知ることとなる。「亀裂」というコンセプトにより確信を持ち、東欧・バルト海諸国での取材を経て、EU の東側の北端であるフィンランドとロシアの国境で旅を終えた。撮りためた 5000 枚の写真をなるべく活かし、背後にある取材ノート 15 冊分のストーリーを最大限に伝える上で重要な役割を果たしたのが、ビルバオに本社があるアスティベリ出版である。同社は、2001 年の設立から約 5 年に渡って漫画（イストリエタ）に関する専門雑誌『トラマ』を発行し、同誌休刊後もスペイン内外のグラフィックノベルを精力的に出版し続けている。だが、いかにギベールの成功例があるとはいえ、全編写真のグラフィックノベルなど前代未聞だった。試行錯誤の末、写真の色彩コントラストを上げ、あえて平板に見えるよう加工することにした。写真一枚一枚に立体感があると、読者の視線が焦点を探してしまい、なめらかにストーリーを追うことができないためである。こうして 2016 年 12 月、本書の原著が刊行された。

「亀裂」の深層に迫るために

　本書が取り上げる欧州の「亀裂」は複数あるが、書名の『亀裂 *La Grieta*』は単数で、定冠詞付きである。ギジェルモはその理由を、域外国境という大きな亀裂を追うなかで、欧州に生じた様々な亀裂を見つめるという取材の手法に求める。欧州における「危機」の全容をここに描くことは不可能であるため、特に政策面に関しては遠藤乾著『欧州複合危機』（参考文献②）などを参照されたい。また、2015 年以降の状況については、取材地の一部が重複する坂口裕彦著『ルポ 難民追跡』（参考文献③）に詳しい。だが、グラフィックノベルとしての本書のすごみは、すでに多くが語られている「難民」や「安全保障」に関する先入観を排し、登場人物の表情や、被写体となったモノを見つめて考えることを読者に迫るところにある。

　そうはいっても、『亀裂』をより深く読むには、欧州各地に散らばった取材地点をつなぐ必要がある。そこで、無数にある方法のうち、あくまで一例を提案したい。それは、拡大するなかで内外に矛盾を拡大した欧州を見つめ

171

る作者たちの、スペインからのまなざしである。

　メリリャでの軍部の蜂起に始まるスペイン内戦（1936 - 39 年）の後、フランシスコ・フランコによる独裁体制が 1975 年まで続いたスペインは、ドイツやフランス、そしてイタリアよりも遅れて民主化と欧州統合への合流を経験した。しかし、欧州統合の波に乗り、特にユーロ導入（1999 年）後には空前の好況と不動産バブルを迎えた。こうした経緯もあり、（『エル・パイス』の読者層でもある）スペインの親欧州的な左派は、ポーランドをはじめとする東欧諸国がスペインの後を追うように民主化し、EU に加盟するのを積極的に支持してきた。だが、2007 年にバブルが崩壊し、翌年にはリーマンショックが発生したことで、スペインは他の南欧諸国とともにユーロ危機の渦中に引きずり込まれた。また、2004 年以降に EU 加盟を実現した東欧・バルカン諸国でも、それまでの改革路線に対する失望や反動が強まっている。

　作者ふたりは、経済危機下のスペインにおける弱者切り捨ての緊縮財政政策に「怒れる」者たちの抗議運動を導入部に使うほか、同じ南欧の人間から取材されていることを意識したギリシャ人の発言や、EU 加盟国であるはずのブルガリアの貧しさに失望するシリア難民の声を聴き逃さない。こうした姿勢の背後では、「平和で民主的で、繁栄する欧州」に対する期待と、現実に対する醒めた見方がせめぎ合う。

　理想と現実の狭間を揺れる欧州の姿を鏡写しにするのが、域外国境である。例えば、メリリャでの移民の柵越えをめぐる描写は象徴的だ。この飛び地は、スペインがモロッコの一部を保護領としていた時期に勃発した第 3 次リーフ戦争（1920 - 26 年、参考文献④参照）など、スペイン・モロッコ関係史の様々な対立局面において重要な役割を担ってきた。しかし、モロッコ側の近隣住民がパスポートの提示だけで市内に 1 日滞在可能なことが示すように、生活物資の調達などをめぐるモロッコ側との相互依存がなければメリリャは存立できない。他地域からの移民・難民が入り込む余地は常にあったのだが、メリリャが欧州の国境となるにつれ、とりわけモロッコ人を偽ることが難しいサブサハラ出身者による「柵越え」が問題化され、柵が強化されていった（参考文献⑤ pp. 265 - 293 参照）。まずはモロッコの、続いてスペインの治安警察におびえながら柵を越えた人々は、国家警察によって検挙される。すると、治安警察による国境での即時送還とは異なる、「欧州的」な人権規範や自治都市メリリャ内部の論理によって、もはや送還されない。受入施設へ収容された人々には、「欧州基準」における最低限度の生活と社会統合のための教育、そして外出の自由が確保される。だがそれは、EU 域内だがシェンゲン域外

にあるメリリャへの閉じ込めと表裏一体の部分がある（参考文献⑥第９章参照）。様々な矛盾があり、不安を抱く人、傷を負う人、そして命を落とす人がいる。だが、治安警察や受入施設の担当者、柵越えを試みる人々にはそれぞれの論理があり、構図を整理することは極めて難しい。作者たちはまず、人々が耳を傾けず、考えないことに問題を見出す。そして、かれらの頭には、域外国境の実情が欧州の中心部では全く理解されていないのではないかという疑念が浮かぶ。

　同時に、域外国境は、「危機」をきっかけに繋がる欧州の姿をも如実に映し出す。まず、フロンテクスによる調整の下、自国外での活動を展開する国境警備隊の姿がある（参考文献⑥第４章、参考文献⑦参照）。また、柵の建設という「ビジネスチャンス」でトラキアとメリリャが連続しているように、企業活動においても欧州規模の繋がりが生まれている。それでも忘れてはならないのは、現在進行形の「危機」の背後に、多くの歴史的な伏線が隠されていることだ。例えば、トラキア国境に埋められた地雷の存在は、同地域とキプロス島における国境紛争の連続性、さらには国民国家とマイノリティや難民の関係について多くを示唆する（例えば参考文献⑧第２章、⑨参照）。あるいは、地中海上での「人道的」な難民救助と、イタリア南部における「あやしげ」な受け入れ（ミネーオの施設には、入札妨害などの疑いで検察の捜査が入った）は、移民やマフィア、汚職をめぐる問題を媒介に長らくイタリアや欧州の中で差別されてきた南部と、EU域外の「南」から来る人々の向き合い方を改めて問い直す出来事でもある（参考文献⑩参照）。こうした複雑な現実を写真のまま提示し、問題提起をするための、とりあえずのキーワードが「亀裂」なのだ。

翻訳にあたって

　本書は、Guilermo Abril & Carlos Spottorno, *La Grieta*（Astiberri, 2016）を、スペイン語版原著から全訳したものである。地名等は、日本語文献において定着している表記がある場合はそれに倣い、そうでない場合には現地語発音に近いカタカナ表記を採用するよう心がけた。

　翻訳にあたっては、人の移動や国境に関する関心を共有する仲間である伊吹唯、大森優美、寺岡郁夫、南波慧、深山遼各氏から貴重なアドバイスを受けた。また、大学院で小井土彰宏、森千香子両先生をはじめとする多くの方々に学んだことを、正確な翻訳に活かすよう試みたつもりである。この場を借りて、皆様に心よりお礼を申し上げたい。最後に、編集者兼翻訳家として海

外コミックを精力的に紹介されている、花伝社の山口侑紀さんによる全面的なサポートに感謝したい。世界の多様な捉え方を、世界の本を通じて提案するという魅力的な挑戦に、微力ながらも貢献できたなら幸いである。

　2019 年 5 月　バルセロナにて

訳者

＊参考文献
①エマニュエル・ギベール著、ディディエ・ルフェーヴル原案・写真、フレデリック・ルメルシエ彩色『フォトグラフ』大西愛子訳、小学館集英社プロダクション、2014 年 2 月.
②遠藤乾『欧州複合危機──苦悩する EU、揺れる世界』中公新書、2016 年 10 月.
③坂口裕彦『ルポ 難民追跡──バルカンルートを行く』岩波新書、2016 年 10 月.
④深澤安博『アブドゥルカリームの恐怖──リーフ戦争とスペイン政治・社会の動揺』論創社、2015 年 9 月.
⑤アレクサンドラ・ノヴォスロフ／フランク・ネス『フォト・ドキュメント 世界を分断する「壁」』児玉しおり訳、原書房、2017 年 6 月.
⑥小井土彰宏（編著）『移民受入の国際社会学──選別メカニズムの比較分析』名古屋大学出版会、2017 年 3 月.
⑦森千香子／エレン・ルバイ（編著）『国境政策のパラドクス』勁草書房、2014 年 9 月.
⑧アレクサンドラ・ノヴォスロフ『フォト・ドキュメント 世界の統合と分断の「橋」』児玉しおり訳、原書房、2018 年 12 月.
⑨村田奈々子『物語 近現代ギリシャの歴史──独立戦争からユーロ危機まで』中公新書、2012 年 2 月.
⑩北村暁夫『ナポリのマラドーナ──イタリアにおける「南」とは何か』山川出版社、2005 年 11 月.

写真：カルロス・スポットルノ (Carlos Spottorno)
1971年ハンガリー・ブダペシュト生まれ。イタリア国立ローマ美術学校を卒業し、広告代理店のクリエイティブ・ディレクターとなる。2001年にドキュメンタリー写真家として独立。とりわけ社会、経済、政治分野に関する写真を、『週刊エル・パイス』をはじめとするスペイン内外のメディアに提供している。また、これまでに6冊の写真集を出版している。2003年と2015年の世界報道写真賞ほか、写真・写真集での受賞多数。

文：ギジェルモ・アブリル (Guillermo Abril)
1981年スペイン・マドリード生まれ。法学と経済学を専攻し、マドリード自治大学でジャーナリズムの修士号を取得。2007年より『週刊エル・パイス』の評論記事、人物紹介記事、ルポルタージュなどを担当。2015年に世界報道写真賞を受賞した短編ドキュメンタリー映画、『欧州の入り口で（A las puertas de Europa）』の制作協力者。アメリカ合衆国の死刑囚についてのドキュメンタリー映画『復活クラブ (The Resurrection Club)』の副監督。

訳者：上野貴彦（うえの・たかひこ）
1990年生まれ。現在、一橋大学大学院社会学研究科・博士後期課程在学中。スペイン・バルセロナ自治大学東アジア研究所客員研究員。一橋大学社会学部在学中にイタリア・トレント大学社会学部に派遣留学。専攻は国際社会学・国際移民研究（スペインにおける移民の社会統合と地域）。

亀裂──欧州国境と難民

2019年5月25日　初版第1刷発行

著者─────写真：カルロス・スポットルノ
　　　　　　　文：ギジェルモ・アブリル
訳者─────上野貴彦
発行者────平田　勝
発行─────花伝社
発売─────共栄書房
〒101-0065　東京都千代田区西神田2-5-11 出版輸送ビル2F
電話　　　03-3263-3813
FAX　　　 03-3239-8272
E-mail　　info@kadensha.net
URL　　　http://www.kadensha.net
振替　　　00140-6-59661
装幀─────鈴木　衛（東京図鑑）
印刷・製本──中央精版印刷株式会社

Ⓒ Carlos Spottorno and Guillermo Abril／上野貴彦

本書の内容の一部あるいは全部を無断で複写複製（コピー）することは法律で認められた場合を除き、著作者および出版社の権利の侵害となりますので、その場合にはあらかじめ小社あて許諾を求めてください

ISBN978-4-7634-0886-0 C0098

マッドジャーマンズ──ドイツ移民物語

ビルギット・ヴァイエ 著／山口侑紀 訳　　　定価（本体1800円＋税）

●移民問題に揺れる欧州　ドイツに衝撃を与えた社会派コミック。モザンビークからやってきた若者たちは、欧州で何を見、何を感じたのか？ 3人のストーリーが描く、移民問題の本質。推薦　多和田葉子さん（作家）
第22回文化庁メディア芸術祭審査委員会推薦作品

見えない違い──私はアスペルガー

ジュリー・ダシェ 原作／マドモワゼル・カロリーヌ 作画／原 正人 訳
　　　　　　　　　　　　　　　　　　　定価（本体2200円＋税）

●マルグリット、27歳。本当の自分を知ることで、私の世界は色付きはじめた　フランスでベストセラー！アスペルガー当事者による原作のマンガ化。「アスピー」たちの体験談と、日常生活へのアドバイスも収録。
第22回文化庁メディア芸術祭（文部科学大臣賞）マンガ部門新人賞受賞

ゴッホ──最後の3年

バーバラ・ストック 作／川野夏実 訳　　　定価（本体2000円＋税）

●新たな視点からゴッホの晩年を描き出す　「星月夜」「ひまわり」「夜のカフェテラス」など傑作の生まれた3年間。その果てに彼が見出したものとは──？
アムステルダム・ゴッホ美術館監修

禁断の果実──女性の身体と性のタブー

リーヴ・ストロームクヴィスト 作／相川千尋 訳　　　定価（本体1800円＋税）

●フェミニズム・ギャグ・コミック！　スウェーデンで激しい議論を巻き起こした問題作。女性の身体をめぐる支配のメカニズム、性のタブーに正面から挑み、笑いを武器に社会に斬り込む。

わたしが「軽さ」を取り戻すまで
────"シャルリ・エブド"を生き残って

カトリーヌ・ムリス 作／大西愛子 訳　　　定価（本体1800円＋税）

●シャルリ・エブド襲撃事件生存者、喪失と回復の記録　2015年1月7日、パリで発生したテロ事件により12人の同僚を失うなか、ほんのわずかな偶然によって生き残ったカトリーヌ。深い喪失感に苛まれながらも、美に触れることによって、彼女は自分を、その軽やかさを少しずつ取り戻す。

ナタンと呼んで──少女の身体で生まれた少年

カトリーヌ・カストロ 原作／カンタン・ズゥティオン 作画／原 正人 翻訳
　　　　　　　　　　　　　　　　　　　定価（本体1800円＋税）

●リラ・モリナ14歳。サッカーが好き、ヒラヒラの服は嫌い。でもその日、生理がきた──　フランスで話題沸騰！　身体への戸惑い、自分を愛せない苦しみ、リストカット、恋人・友人関係、家族の葛藤……。実話をもとにフランスのトランスジェンダー高校生を描く希望のバンド・デシネ。